LETTRE À UN JEUNE ÉCRIVAIN

Du même auteur

- *La Guerre, l'Amérique*, Buchet-Chastel, prix Goncourt du premier roman, 2003
- *La Conquête de l'Est*, Mercure de France, 2005

Dépôt légal : septembre 2005
ISBN : 2-7557-0046-7
N° 0046-1

---

www.editionsdupanama.com

CLAIRE DELANNOY

LETTRE À UN JEUNE ÉCRIVAIN

Éditions du Panama, 26 rue Berthollet, 75005 Paris

La part de l'ange, la part de l'ombre, celle de la sage-femme qui aide à la naissance, voilà comment je définis le métier d'éditeur.

Depuis un quart de siècle que je pratique ce travail obscur, peu valorisé même si mythifié, j'essaie d'y exercer une éthique de la fragilité, je sais et je ne suis sûre de rien, je suis ce passeur de textes, de cultures. Dans l'ombre. Être un être de l'ombre, ange ou démon, selon que l'on permet la publication ou on la refuse. Il y a peu, lors d'un vernissage, un auteur me poursuit en pointant le doigt sur moi, vous m'avez refusée, disait-elle, prenant l'assemblée à témoin, elle m'a refusée, répétait-elle, le doigt toujours accusateur, et pourtant Jeanne (le peintre qui exposait) m'a lue d'une traite dans la nuit, l'assemblée soupçonneuse regardait ce monstre, l'éditeur qui refuse, cet être tout-puissant qui peut défaire un destin.

Fragilité dans l'exercice éditorial, toute-puissance apparente de son statut.

A-t-on vu beaucoup d'auteurs se prévaloir de l'aide apportée par l'éditeur ? A-t-on vu beaucoup d'auteurs proclamer qu'un sujet, un titre, un travail d'écriture ait été suggéré par l'éditeur ? L'éditeur se maintient dans cette zone obscure, dans ce secret qui ne peut se dire et que peu à peu l'auteur lui-même oublie.

Il ne faut pas confondre éditeur et nègre. L'éditeur est là pour aider, conseiller, défendre un style, même crayon en main, quand le nègre est chargé d'écrire ou de réécrire à la place de, de remodeler un texte à fin de lisibilité, sans qu'il soit question de l'âme du texte.

La part de l'ange : peut-être ça, faire voir que le texte a une âme, même si cette âme n'est pas forcément une très grande âme.

L'éditeur n'est pas ce juge tout-puissant, divinisé ou diabolisé, cynique et marchand qu'on se complaît à décrire, quand on ne le présente pas pour un inculte dont la fonction est due à son image médiatique. Ce qui ne veut pas dire que ça n'existe pas.

Mais je parle de l'éditeur qui a en vue l'émergence ou le suivi d'une littérature de qualité dont il ne sait ce que sera la postérité. L'éditeur évolue dans cette zone d'ombre, se sachant faillible et subjectif, mais aussi porteur de données objectives pour apprécier la qualité d'un texte.

Il travaille à l'intuition, à l'empathie, à la confiance, à l'admiration, il souffre et il espère, il est démuni et plein d'énergie, il perd espoir quand il lit des textes médiocres, reprend espoir quand ce qu'il lit le transporte, devient euphorique quand il a la chance de publier ce qu'il admire, dépressif quand tel roman ne rencontre aucun écho dans la presse et le public.

L'éditeur est le gardien secret du texte, celui qui en connaît l'humus, la germination, la pousse, l'engrais, il est ce jardinier fantôme, le jardin ne lui appartient pas, parfois du reste son rôle n'a consisté qu'à arroser quelques plants.

On croit ou on ne croit pas aux anges, on y croit en général quand on en a besoin, on est en demande, on ne sait plus à qui se vouer ; on n'y croit pas quand tout va bien, on vous complimente sur l'œuvre accomplie, on vous assure de votre génie.

L'éditeur est là quand le jeu n'est pas fait, l'œuvre en cours ou rendue, l'auteur au supplice de connaître la réaction d'autrui, ou au moins en attente d'une décision positive, l'éditeur est là quand l'auteur doute, exulte, déprime, peine, se perd, s'obsède, veut parler.

Bien sûr tous les auteurs ne se montrent pas comme tels, de même tous les éditeurs n'ont pas cette attention, cette qualité d'attention-là, mais même chez les moins attentionnés, il y a la conscience de cette charge, être en charge d'auteurs est être en charge d'âmes.

On croit ou on ne croit pas à l'âme, comme on croit ou on ne croit pas aux anges, ce peut être une question de définition, l'âme d'un texte n'est-ce pas cette qualité qui touche le lecteur au plus profond de lui, qui le rend vivant, plus présent à lui-même ?

J'ai toujours mené parallèlement un travail romanesque et un travail éditorial, l'un secret l'autre public, l'un pour moi l'autre pour les autres, l'un nourrissant l'autre, l'un antérieur à l'autre. Ce pour quoi mon horizon d'écriture est sensiblement différent des horizons d'éditeur. De même mon parcours. Une tradition voulait du reste jusqu'à très récemment qu'il n'y ait pas de formation à ça, pas d'études spécifiques qui apprennent à être éditeur.

L'apprentissage au contraire était ailleurs, hors les murs, dans le voyage personnel, géographique ou au pays des livres, d'autres métiers, d'autres études. Le parcours était atypique, qui conduisait sans qu'on le sache à ça : être face au texte de l'autre, permettre à l'auteur de rencontrer quelqu'un dont l'écoute et la lecture à la fois bienveillantes et critiques puissent lui permettre le passage. Il y avait, qui présidait à ça, une expérience et une maturité particulières, de la magie et du hasard, bref une nécessité qui se découvrait et s'affirmait sans qu'il y ait un diplôme pour la sanctionner.

J'ai eu pour ma part une jeunesse fantasque où l'utopie, l'étude et le voyage avaient part égale. Ma jeunesse a duré très longtemps, peut-être dure-t-elle toujours et j'en revendique comme éditrice la part de naïveté. Longtemps signifie qu'elle n'admettait aucune limite, qu'elle n'envisageait aucune fin, aucun débouché. Surtout pas un métier qui signifierait sa fin. Être éditeur n'est pas tout à fait un métier et pour y parvenir il ne faut pas forcément l'avoir décidé.

J'ai commencé très jeune des études de médecine poursuivies quelques années, connaître le corps, son fonctionnement, soigner, quoi de plus beau, puis un désir de connaissances m'a fait changer de voie pour la littérature, la philosophie, l'anthropologie religieuse. Ouvrir le champ de la connaissance, y voyager, découvrir les structures, les rites, les relations qui y président. Tout ce qui place le sacré, qui permet à la fois de le nommer, de le contenir, d'y accéder. Lorsque j'ai commencé à travailler sur des manuscrits, à fin d'en redresser la syntaxe et la fluidité, j'ai compris qu'il y avait là aussi des lois, des structures, des techniques et tout ce qui leur échappe qu'on appelle le talent, le génie ou le sacré. Connaître les techniques ne permet pas d'écrire un chef-d'œuvre mais ce sont les bases jetées d'une fondation. Ce que je peux dire de mon travail sur un bon millier de manuscrits, c'est qu'on retrouve toujours les mêmes défauts à signaler.

Il n'est pas ici question de définir une bonne et une mauvaise littératures. Tout roman tend vers sa propre perfection. Le texte parfait n'existe pas. Un texte est toujours en mouvement. Ne serait-ce que parce que sa lecture est infinie. L'éditeur tend à faire en sorte que l'auteur donne le meilleur de lui-même à un moment lambda, donnant des conseils pour éviter les écueils spécifiques à chaque genre littéraire.

Il y a diverses acceptions du terme éditeur. Celui qui est le mien est un rôle d'accompagnement et de restauration. Comme on dit d'un tableau ancien dont on restaure les couleurs, la patine, les visages, les habits. Restaurer ce qui existe non pas sous la couche des peintures postérieures, mais qui existe dans l'esprit de l'auteur et que ses ébauches parfois n'arrivent pas à rendre.

Je prends très au sérieux ce rôle d'accoucheur et je déplore la perte du terme directeur littéraire au profit du générique éditeur, qui concerne davantage la vente du livre que cet accompagnement de l'œuvre.

La sacralisation de l'œuvre pour l'auteur, comme le dit Pierre Michon, mais aussi pour l'éditeur est consubstantielle à leur collaboration. Je sens ricaner tous ceux qui font acte de cynisme désabusé. Tout en gardant au fond d'eux la nostalgie d'une écriture, la leur, qui aurait dans d'autres circonstances pu voir le jour.

Ce qui m'a toujours semblé à sauvegarder, à cultiver même, c'est bien cette faculté de naïveté, de virginité devant tout nouveau manuscrit à lire, cette fondamentale indulgence qui préside à la lecture – même si la minute qui suit, la première page lue, le couperet de la critique tombe.

C'est une disposition. Une disposition à être disponible.

Tout éditeur est à la recherche d'un absolu, du manuscrit dans lequel se repère immédiatement le génie. C'est-à-dire ce style particulier, cette évidence de point de vue, les sons et les couleurs d'un monde en soi, cette souveraineté-là.

Il y a parfois tant de découragement, abattement, déception, lassitude à lire ce qui a déjà été dit qu'une lecture où fleure le génie, même s'il n'est pas abouti, vous donne une joie et un bonheur, une énergie insoupçonnés pour ceux qui ne font pas métier de lire – c'est-à-dire de lire le tout-venant, ce qui vient vers vous par des méandres souvent curieux, mais dont vous ne pouvez a priori connaître ni la valeur ni l'impact.

Le lecteur en librairie a toujours le repère du texte de quatrième, de la présentation de l'auteur et du roman, de l'infléchissement qu'en donne l'éditeur à fin de le séduire en en dévoilant le thème ou l'intrigue. L'éditeur, lui, quand s'ouvre la première page d'un manuscrit n'a rien d'autre que son œil et sa disponibilité à aller à la rencontre de l'inconnu.

C'est un voyage, il faut garder cette prétention et ce privilège du voyage.

Dans un voyage ce que l'on aime c'est autant le dépaysement que la reconnaissance, ce renvoi à quelque chose qui vous est cher et que vous retrouvez à l'improviste.

J'aborde des lieux communs mais le roman ne travaille que le lieu commun, c'est ce lieu qui nous est commun, qui nous attire comme possible dévoilement d'une part de nous-mêmes à nous-mêmes obscure.

Le roman c'est la surprise, l'éditeur ne vit que de surprises, c'est un des rares métiers où en quelques heures la vie peut basculer : ces quelques heures de lecture où vous tombez sur *le* manuscrit dont vous savez qu'à l'éditer ce sera le succès assuré – peu importe à ce niveau que ce soit le succès d'estime ou commercial, ce qui importe c'est ce moment de grâce qui advient presque miraculeusement.

On n'imagine pas les transes, les effrois, les malaises, les plaisirs, les doutes, les joies et les déceptions qui traversent le corps de tout éditeur.

On préfère souvent ne commenter que ses travers, son manque de perspicacité, son cynisme marchand, son côté pantouflard à suivre les modes plutôt qu'à les créer.

La confusion entre directeur littéraire et éditeur y a à voir. Le premier a ce côté désuet, IIIe République, du directeur d'école, la baguette en main, qui frappe les doigts, adepte d'une normalité qui fait passer le pauvre auteur sous les fourches caudines de l'orthographe et de la syntaxe aseptisée. Il y a bien l'appellation de conseiller littéraire, mais qui n'a pas la même implication, la même charge de responsabilité. Car, je le répète, éditeur est une responsabilité, un engagement qui ne relève pas d'une déontologie répertoriée.

Et pourtant comme pour les confesseurs, les médecins, les avocats, il y a la règle du secret et les règles du métier.

Qu'est-ce au juste qu'un éditeur, me dira-t-on après cette sorte de profession de foi. Au quotidien que fait-on ? Souvent la question revient : combien de manuscrits lisez-vous par semaine ? Et si vous répondez dix, vingt, cinquante, personne ne sera étonné, vous êtes ce monstre bibliophage capable comme dans les concours de saucisses de vous surnourrir, d'avaler sans fin, il y a juste une forme d'admiration dans l'œil du questionneur pour votre capacité phénoménale. Comme si votre principale et unique réalité était de lire, lire et lire encore. Puis juger, faire tomber les têtes en Grand Commandeur.

Car on confond souvent les trois étapes que doit franchir un texte, la lecture, l'édition et la critique. Il y a le lecteur professionnel, l'éditeur et le critique littéraire. La confusion en France vient d'un certain mélange des rôles qui voit un éditeur pratiquer la critique dans les journaux et le critique devenir éditeur. Je mettrai à part le critique-auteur et l'éditeur-auteur qui ne relèvent pas du même fonctionnement.

Un éditeur lit bien évidemment mais il ne fait pas que ça, et voudrait-il lire tout ce qui s'offre à lui il ne le pourrait pas. Sa capacité d'absorption n'est pas celle qu'on lui suppose et à la vouloir plus importante il n'atteindrait que la folie. Se présentent à lui plusieurs types de lectures : les manuscrits des auteurs qu'il suit, qu'il a déjà publiés, ceux des auteurs qu'il sollicite, ceux qui lui sont recommandés, ceux qui arrivent par le courrier, anonymes, souvent sans présentation autre qu'un immense espoir remis entre ses mains. Quand il a mis de l'ordre dans toutes ces lectures, établi ses priorités, le plus gros du travail commence. Convaincre son comité de lecture du bien-fondé d'une telle publication. S'il est suivi, argumenter auprès du service commercial, donner des axes de lancement, ce qui signifie de nombreuses réunions de mise au point. Une fois le contrat établi commence le travail éditorial. Non que tous les auteurs aient besoin d'intervention musclée mais la plus grande partie du temps de l'éditeur est consacrée à ce dialogue d'écriture, à cet échange avec l'auteur, à cette attention portée à son texte, crayon en main, notes prises. Viennent ensuite le temps des épreuves – où la mise en pages faite l'auteur voit son œuvre dans son format définitif –, le choix du titre, de la couverture, de la quatrième, ce texte au dos du livre qui est une invite à lire. Toutes ces opérations prennent leur temps, s'installent lentement. À quoi se superpose pour d'autres auteurs le même dispositif. Car si un auteur n'a généralement qu'un seul éditeur, un éditeur, lui, a plusieurs auteurs à gérer dans le même temps. Et quand je dis gérer pour user d'un terme d'investissement et de rentabilité, je passe sous silence ce que cela représente de complicité, de connivence, d'entente, de confiance et d'amitié qui s'installent de part et d'autre. L'enjeu n'est donc pas le même. Il n'y a d'ailleurs ni égalité ni démocratie dans le domaine de l'édition. De même que ce n'est pas l'auteur le plus méritant, le plus travailleur qui se voit couronné.

Dans ce travail au plus près du texte, dans ce corps à corps avec le texte de l'autre, j'ai toujours choisi une même conduite : me mettre à la place de l'auteur, tenter de me placer au cœur de son intention, de son projet, ne rien lui proposer d'autre qui ne vienne de cet endroit-là. C'est une sorte de discipline, oubli de soi, disposition pour l'autre, que j'ai nourrie plus ou moins inconsciemment de ma double vie. Car bien avant d'être éditeur, j'écrivais dans le presque complet secret, ne montrant à personne mes manuscrits, les entassant au fil des années, mais puisant dans mon expérience d'écriture cette voie d'accès à l'écriture de l'autre. Tant et si bien qu'il ne se passait pas de jours sans qu'un auteur me dise, mais vous sentez si bien les choses, pourquoi n'écrivez-vous pas ? Ce que j'esquivais en pur mensonge, au prétexte du temps que je n'avais pas.

Double mensonge en l'occurrence, pour protéger ce que je ne voulais pas révéler (car écrire pour quelqu'un chargé de faire écrire me semblait relever d'un acte insensé et qui plus est pas déontologique – une éditrice qui écrit : ça ne me semblait ni concevable ni bien) et pire que tout, évoquer le temps comme prétexte à ne pas écrire.

Écrire ne relève pas du temps, on vole le temps s'il le faut, on l'emprisonne, on l'annule, tout ce qui prend pour prétexte le temps ne repose pas sur un enjeu véritable. Henry Bauchau écrivait dans *Le Journal d'Antigone :* « Le roman m'a fait don d'une autre dimension du temps. »

Quand un journaliste pose la question à l'écrivain, pourquoi écrivez-vous ? il ne sait pas toujours qu'il touche à quelque chose de si intime qu'il reçoit parfois en boutade des réponses dérisoires ou cyniques. Pour se défausser, pour ne pas se mettre à nu. « J'écris pour moi, écrivait Flaubert dans une lettre à Louise Colet, pour moi seul, comme je fume et comme je dors. C'est une fonction presque animale, tant elle est personnelle et intime. »

« Pour essayer d'y voir clair sur des sujets qui retenaient mon attention mais que je ne parvenais à concevoir que confusément », dit Clément Rosset dans *Le Choix des mots.*

« L'écriture c'est l'inconnu. [...] C'est l'inconnu de soi, de sa tête, de son corps. Ce n'est même pas une réflexion, écrire c'est une sorte de faculté qu'on a à côté de sa personne, parallèlement à elle-même, d'une autre personne qui apparaît et qui avance, invisible, douée de pensée, de colère et qui, quelquefois, de son propre fait, est en danger d'en perdre la vie», précise Marguerite Duras dans *Écrire*.

Michel Butor dans *Essais sur le roman :* «Je suis venu au roman par nécessité. Je n'ai pu l'éviter. [...] Je n'écris pas des romans pour les vendre, mais pour obtenir une unité dans ma vie ; l'écriture est pour moi une colonne vertébrale.»

Grace Paley : «On écrit avec ce qu'on ne comprend pas, non avec ce que l'on sait mais avec ce qu'on ignore.» Maurice Blanchot : «L'écrivain n'a rien à dire et doit dire ce rien.» Henri Michaux : «J'écris pour me parcourir.»

«Chaque romancier sait qu'à côté du monde réel, il existe un autre monde qui n'est pas écrit. J'en ai discuté plusieurs fois avec Italo Calvino. Le roman est comme un fantôme du monde que l'écrivain est seul à voir», expliquait Carlos Fuentes dans un entretien au *Magazine littéraire*.

De la quête de soi au voyage intérieur, de cette nécessité qui n'a pas de mots pour s'exprimer dans le monde profane de la réalité, de cette recherche d'une vérité dont on sait qu'au mieux on peut s'en approcher, tout écrivain en fait l'expérience, modérément ou extrêmement. Il sait qu'à écrire il ouvre une contrée dont il a parfois les mots ou le sujet, mais qu'il va découvrir au fur et à mesure qu'il avance. S'en sentir dépossédé et plus souvent possédé. «Je suis enceinte de mes livres», dit souvent Amélie Nothomb et c'est une expression qui revient chez les romanciers, la comparaison du livre avec l'enfant, on sait quand commence la gestation, on ne sait pas les traits qu'il aura.

C'est donc ce voyage-là qu'accompagne l'éditeur, ce voyage dans l'inconnu, même si les thèmes, les personnages, l'action ont été balisés, c'est un monde mouvant et enchanté, fragile et secret, qui s'apparente aussi et plus qu'à un accouchement à un *réenfantement*.

« Un écrivain ne doit jamais perdre l'état d'enfance, disait Edna O'Brien. Ce n'est pas de l'immaturité, de la sentimentalité, mais une manière de regarder les choses comme si on les voyait pour la première fois. » « Écrire, en ce qui me concerne, c'est avant tout me souvenir », dit Joyce Carol Oates. Mais comme l'exprimait si bien Joseph Joubert, il y a ceux qui se souviennent de leur enfance et ceux qui se souviennent de l'école. Les écrivains évidemment appartiennent au premier groupe.

« Au commencement il y a l'étonnement. Au milieu et à la fin aussi. Dieu merci je n'ai jamais connu de succès de librairie. Si j'ai écrit tant de livres c'est uniquement parce que la nécessité intérieure d'expression et de création ne me lâchait pas. »

Si beaucoup de romanciers au contraire de Claude Louis-Combet aspirent au succès et à la célébrité, il n'empêche que leur motivation première est de cet ordre-là, même si déjà au début du XXe siècle Karl Kraus affirmait : « Au commencement il y a le service de presse », pour moquer l'illusion de l'événement littéraire créé le plus souvent par la critique.

Ça y est, vous y êtes, vous avez en vous la rage ou le trop-plein, la certitude et le désir, tout ce qui relève de cette nécessité d'écriture, vous avez votre sujet, du moins dans votre tête il est là à vous narguer, des personnages qui émergent du néant, qui flottent, qui vous obsèdent, des événements qui les lient, les notes que vous avez prises, peut-être les chapitres que vous avez déjà posés en scénario, tout est là et rien ne vient.

« Il n'y a de pensée qu'à partir du moment où celle-ci se formule, c'est-à-dire se constitue par la réalité des mots », dit Clément Rosset, qui ne croit pas au mythe de l'antériorité, du concevoir par rapport à l'énoncer. C'est pour quoi quand un auteur me dit, ça y est, j'ai tout, tout mon roman, il ne me reste qu'à l'écrire, je sais qu'il vit l'angoisse de cette épreuve fatale : s'y mettre, commencer, et peut-être renoncer. Car ce n'est pas si simple, contrairement à ce qui se dit, je tiens une histoire formidable, il me faut seulement du temps pour l'écrire, ou Untel m'a raconté sa vie, je lui ai conseillé de t'en parler, il faut que tu le pousses à écrire. On ne pousse pas à écrire un roman. Un document à la rigueur. L'éditeur face à l'auteur éventuel ne peut que lui conseiller d'écrire, ne serait-ce que quelques feuillets. Ce n'est que dans le choix des mots, l'élection des mots justes et l'opiniâtreté à persévérer qu'un texte peut advenir. Clément Rosset toujours : « L'écriture, comme toute création, n'est pas seulement le plus vain des travaux mais aussi le plus laborieux et le plus pénible. Car un coefficient d'absurdité l'affecte davantage que tout autre forme de travail. »

« Je suis plein de doutes, de rêves et de peurs. Une œuvre quelle qu'elle soit est pour moi un long voyage ; j'hésite à m'embarquer et j'ai d'avance mal au cœur », avouait Flaubert en 1862 à Amélie Bosquet. « Ça rend sauvage l'écriture, on rejoint une sauvagerie d'avant la vie. Et on la reconnaît toujours, c'est celle des forêts, celle ancienne comme le temps », dit Marguerite Duras.

Voilà, le voyage va être long, solitaire, il faut appareiller et chacun avec ses armes, ses angoisses, ses certitudes passagères. Il y a ceux qui construisent, « Je ne suis pas intuitif, je construis tout », dit E. E. Schmitt, ceux qui ne préméditent rien, pas de scénario, « Je pars d'une sorte d'image cohérente et concrète, d'une vague notion de l'aspect général du livre. Je ne rédige ni canevas ni plan ni quoi que ce soit d'approchant. Je me sens très capable de retenir la suite des événements dans ma tête et avec l'espoir que quelque chose se passera qui me surprendra ; que les personnages se mettront à vivre leur vie et à dire ce qu'ils veulent. Je leur laisse la bride sur le cou », dit John Updike dans *La Vie littéraire*. Il y a là du reste beaucoup d'éléments à méditer, sur lesquels je reviendrai.

Mais que ce soit à partir d'une image, d'un mot, d'un lieu, qu'il soit inconnu ou d'enfance, le roman part d'un blanc, du blanc qu'on arrache au silence. « Le point d'*infans*, c'est là que ça se passe. Ce temps archaïque d'avant le langage », dit Jeanne Benameur.

Dans un entretien au *Monde des livres*, Maryline Desbiolles : « *Le Goinfre* vient de loin. Ce mot m'obsède depuis très longtemps. C'est le mot. [...] Il n'y avait rien d'autre que faire quelque chose avec ce mot. Je ne sais pas où je vais. L'histoire n'est pas donnée d'emblée. J'écris très très lentement, bien que j'aime qu'il y ait en même temps cette précipitation, cette énergie de l'écriture. C'est ce que j'essaie de maintenir en écrivant lentement : conserver cette impatience [...]. J'avance pas à pas, un mot après l'autre. J'aime être dans le brouillard. »

Pour Jean Rouaud ce furent les mots « Les champs d'honneur » inscrits sur une image pieuse retrouvée dans un missel appartenant à sa grand-tante qui avait ajouté : « Joseph Rouaud mort à 21 ans à Tours en 1916 ». Pour Russell Banks, c'est l'image du car scolaire : « Comme toutes les métaphores importantes, il a des significations contradictoires que j'explore successivement dans *De beaux lendemains* et *Sous le règne de Bone*. » Pour *Les Routes de poussière* de Rosetta

Loy, l'idée du roman est née d'une grande maison familiale dans les collines du Piémont où elle sentait très fortement la présence des ancêtres. Douglas Kennedy a conçu son premier roman *Cul-de-sac* lors d'un reportage en Australie, en traversant une ville perdue. « Une idée surgie de nulle part dans ma tête. » Il y a l'étonnante révélation pour Richard Powers, lors d'une rétrospective à Boston du photographe allemand August Sander, d'une image d'un autre temps, d'un autre continent, qui l'amène à écrire *Trois fermiers s'en vont au bal*. « J'ai gardé ce souvenir très visuel : j'entre dans cette pièce, je me tourne vers la gauche et la première photo est celle de trois hommes dans leurs habits du dimanche. C'était incroyablement troublant. Ils étaient sur cette route, regardant par-dessus leur épaule, depuis soixante-dix ans, dans l'attente d'un coup d'œil qui leur répondrait et bouclerait la boucle. J'ai eu ce choc de reconnaissance. Je me suis penché pour lire la légende : Trois jeunes fermiers du Westerwald en route pour un bal, 1914. [...] C'était un samedi. Le lundi matin je déposais ma démission ; j'avais le livre dans la tête. » (*Le Magazine littéraire.*)

Pour Faulkner, « cette image, c'était celle du fond de culotte d'une petite fille grimpée dans un poirier d'où elle pouvait suivre les obsèques de sa grand-mère et décrire ce qui se passait à ses frères restés au pied de l'arbre » et cela a donné *Le Bruit et la Fureur*.

Umberto Eco s'est expliqué sur la genèse de ses romans, nés d'une idée séminale ou de la rencontre de deux idées : pour *Le Nom de la rose* c'était l'image d'un moine empoisonné alors qu'il lisait dans une bibliothèque, pour *Le Pendule de Foucault* c'était le pendule vu trente ans auparavant et oublié, et un événement réel remontant à l'enterrement d'un partisan où Eco jouait de la trompette.

Écrire : une conjonction, une rencontre. Il y a un avant et un après. Ce peut être cette idée qui surgit de nulle part alors que vous vous promenez, un mot qui vous obsède et qu'il vous faut forcer, ce personnage qui s'avance vers vous, telle Emma Bovary qui durant plus de cinq ans va vivre avec Flaubert. « J'ai commencé hier soir mon roman, écrit-il à Louise Colet le 20 septembre 1851. J'entrevois maintenant des difficultés de style qui m'épouvantent. Ce n'est pas une petite affaire que d'être simple. » C'est un duel, c'est une guerre, c'est une histoire d'amour, de haine, d'indifférence qui se joue là. Qui n'est pas gagné. Quand un romancier, en cours de roman, m'appelle et me dit, je crois que mes personnages m'échappent, ce n'est plus moi qui commande, d'un air surpris, presque émerveillé, je sais que le roman a gagné. Même si l'auteur, lui, est encore dans une forme d'épouvante.

Que le travail soit régulier (Updike, Rouaud) ou non (Perez-Reverte), qu'on écrive au soleil (Andrée Chedid), le matin (Michel Ragon), la nuit (Charles Juliet), au premier étage (Duras), dans son bureau uniquement (John

Le Carré), à la cuisine (David Albahari), au café (Simone de Beauvoir, Nathalie Sarraute, Assia Djebar), à l'hôtel (Camus, Genet, Cossery), quand le pacte de confiance est établi entre le texte et soi, peu importe les dispositifs, il y a cette évidence, une relation unique.

« Les mots et les images savent mieux que moi d'où je viens, ce que je fais, qui je fus, étais, suis et aurai été. » Anne-Marie Garat.

« La bonne fiction se définit, en grande partie, par son refus d'offrir les réponses simplistes de l'idéologie, les remèdes d'une culture thérapeutique ou les douces solutions des rêves offerts par les loisirs de masse. C'est moins les réponses que la persistance des questions qui la caractérisent », dit Jonathan Franzen dans sa préface au roman *Personnages désespérés* de Paula Fox.

Maurice Nadeau, à propos de Baudelaire, écrivait que les écrivains qu'une société donnée reconnaît, les artistes qu'elle fête « sont *ses* écrivains et *ses* artistes parce qu'ils lui offrent une image du monde, de la vie et de l'homme qui n'est que l'image commune sublimée ».

Benedetta Craveri dans *L'Âge de la conversation* définit la nouveauté et le succès des *Lettres portugaises* de Guilleragues en 1660 par trois propositions appelées à un bel avenir : la brièveté de l'œuvre, l'actualité du sujet et l'affirmation de la subjectivité du narrateur.

Définition d'une littérature qui renvoie à la fois à son temps et qui lui échappe, ancrée dans le point de vue personnel et dans le hors-temps du mythe. Sartre dans *Qu'est-ce que la littérature?* déclarait qu'il faut que «chaque personnage soit un piège, que le lecteur y soit attrapé et qu'il soit jeté d'une conscience dans une autre, comme d'un univers absolu et irrémédiable dans un autre univers pareillement absolu, qu'il soit incertain de l'incertitude même des héros, inquiet de leur inquiétude, débordé par leur présent, pliant sous le poids de leur avenir, investi par leurs perceptions et leurs sentiments [...] qu'il sente enfin que chacune de leurs humeurs, que chaque mouvement de leur esprit enferment l'humanité tout entière.»

Beau programme s'il en est qui n'est pas forcément à la portée de tous les aspirants, mais qui les anime tous, même s'ils n'ont pas les mots pour le dire. Certains romanciers, conscients du dilemme posé à tout écrivain, ont voulu partager ce qu'ils ont dû affronter dans l'écriture de l'œuvre. Leurs conseils relèvent bien sûr de leur conception du roman mais reprennent en gros ce que tout éditeur rappelle à l'auteur, même si Philippe Djian dans *Lent dehors* conseille: «N'écoute personne. Ne tiens pas de discours sur ton travail, il n'y a rien à en dire. Ne te demande pas pourquoi ni pour qui tu écris mais pense que chacune de tes phrases pourrait être la dernière.»

Le premier conseil: c'est en lisant qu'on devient écrivain, de Flaubert à Sartre, de Michel Tournier à Stephen King, tous rappellent cette vérité de base, on apprend à écrire en lisant, King allant d'ailleurs dans

Écriture jusqu'à recommander les livres médiocres dont on perçoit immanquablement les défauts à ne pas commettre.

À ce propos Jean Ricardou s'étonne de l'enseignement de la littérature tel qu'il est pratiqué : on apprend le dessin en dessinant, les mathématiques en résolvant des problèmes, alors que « l'enseignement de la littérature ne consiste jamais à enseigner la littérature ».

Comme s'il y avait un implicite, un inné, une élection qui abrogerait tout enseignement. Ce que contestent le pragmatisme américain et ses ateliers d'écriture mis à disposition des jeunes écrivains. Comme l'a confié John Irving qui en a suivi un certain nombre avant de publier son premier roman : « Les conseils m'ont fait gagner du temps. Ce qu'ils m'ont fait découvrir sur mon écriture, je l'aurais certainement découvert un jour ou l'autre. »

En tout cas Stephen King, lui, croit à ce qu'il appelle « sa boîte à outils »: on doit bâtir un roman comme un charpentier, avec les trois éléments fondamentaux que sont la narration, la description et les dialogues, et ne pas se lancer dans l'écriture en partant de grandes questions et de problèmes thématiques. « La bonne fiction, dit-il, part toujours d'une histoire et progresse vers son thème. »

Il rejoint du reste le conseil que Tchekhov donne pour écrire dans *Conseils à un écrivain* : on n'écrit pas pour soi mais pour le lecteur. Il y a d'après lui six conditions à remplir pour qu'une œuvre tienne : pas de problématique sociale, une parfaite objectivité, une vérité dans la description des personnages, de la concision, pas de stéréotypes, de la chaleur et de l'émotion. Dans les lettres qu'il adresse à son frère cadet, il critique les récits qu'on lui adresse, fustigeant les phrases toutes faites, le manque de crédibilité des dialogues, de simplicité, trop de détails, de qualificatifs et d'adverbes qui épuisent l'attention du lecteur.

Sans être d'accord sur tout, à la lecture de ses récriminations, tout éditeur ne peut que reconnaître les principaux défauts qui encombrent les manuscrits qui lui sont soumis. Jean Rouaud, dans *Mes étés d'écrivains* de Brigitte Kernel, rapportait les trois conseils que lui donnait son éditeur, Jérôme Lindon : pas de maniérisme ni de coquetterie dans l'écriture, pas de notation moralisante, vous n'êtes ni un penseur ni un essayiste mais un romancier.

Stephen Vizinczey, l'auteur d'*Eloge des femmes mûres*, avait établi pour le *Writers'Monthly* les dix commandements de l'écrivain : abstinence, austérité, rêveries, ni vanité ni modestie, lecture des plus grands, isolement, et les deux derniers : « Pour te faire plaisir tu écriras » et « Tu seras difficile à satisfaire. »

Il s'agit là davantage d'un comportement à avoir que de techniques d'écriture qui pour lui sont inhérentes à la lecture et relecture des maîtres : Kleist, Swift, Sterne, Shakespeare, Twain, Pouchkine, Gogol, Tolstoï, Dostoïevski, Stendhal et Balzac. De même que Ricardou il s'étonne que la plupart des musiciens connaissent par cœur des centaines de partitions quand la plupart des écrivains n'ont au mieux que de vagues souvenirs des classiques.

Ce n'est pas Milan Kundera qui le contredira qui place Cervantès comme le fondateur du roman. « Le caractère paradoxal de l'action c'est une des grandes découvertes du roman. » Pour lui l'art de la composition tient à trois lignes : le dépouillement, le contrepoint romanesque et les mots clés, et à un horizon : la sagesse du roman.

« Tous les vrais romanciers sont à l'écoute de cette sagesse suprapersonnelle, ce qui explique que les grands romans sont toujours un peu plus intelligents que leurs auteurs. Les romanciers qui sont plus intelligents que leurs œuvres devraient changer de métier », écrit-il dans *L'Art du roman*. Sorte de réponse au questionnement de Virginia Woolf dans son *Journal*, en date du 20 avril 1935 : « Est-ce d'instinct que je ferme mon esprit à l'analyse qui ferait obstacle à mes facultés créatrices ? »

Le plaisir tout d'abord : il n'y a pas d'écriture romanesque s'il n'y a pas de plaisir à écrire. Tous les auteurs y reviennent, du neuvième commandement de Vizinczey à la boîte à outils de King, « si l'on écrit pour se faire plaisir, la peur devient légère ». Car ce plaisir-là est fait aussi de peur, d'angoisse, d'urgence, de défi et de douleur, mais il est avant tout présence. Présence du texte, hyperprésence au temps du texte.

Me revient la discussion dans un café avec un romancier depuis célèbre, il me disait sa peur et ses difficultés à écrire, il sentait bien que quelque chose achoppait, qui l'empêchait, il se forçait et plus il se forçait plus il s'angoissait, plus ce qu'il faisait ne le satisfaisait pas. Tu ne dois pas, lui répétais-je. Il n'y a aucun devoir à écrire, aucun droit non plus. Pourquoi t'interdis-tu le plaisir, pourquoi écrire serait ce devoir d'écriture ? Fais-toi plaisir, lâche le devoir, cette notion de travail qu'on nous inculque comme borne du bon et du légitime.

Il y a beaucoup de fausses questions autour du roman, qu'est-ce que le roman, le récit, la confession, qu'est-ce qui différencie le personnel et l'autobiographique, qu'est-ce que l'imaginaire. Qui ne concernent en rien ni l'auteur ni le lecteur.

Car la règle fondamentale de la lecture c'est le pacte fictionnel qui s'établit entre ces deux-là. Le pacte fictionnel, dit Umberto Eco, c'est quand le lecteur feint de penser que ce qu'on lui raconte est réellement arrivé.

Et pour l'atteindre, des règles, assez souples pour se nourrir d'autre chose qu'elles, assez intangibles pour convenir à des œuvres bien différentes. J'en décompte sept, chiffre aussi sacré qu'aléatoire, qui repose sur l'expérience, celle de mon métier d'éditeur, qui est je le répète d'aider à l'émergence d'un texte sans juger ni théoriser sa valeur de prime abord à l'aune de l'histoire littéraire, mais l'amener à l'acquérir, c'est-à-dire à lui trouver une forme et un statut particuliers vers lesquels l'auteur tend parfois confusément.

J'ai travaillé crayon en main sur un millier de manuscrits, auteurs connus, auteurs inconnus, auteurs devenus connus, certains ont persévéré, en pleine lumière ou dans une relative confidentialité, d'autres ont renoncé, temporairement arrêté. J'en ai lu des milliers d'autres, et j'ai bien sûr ma culture personnelle qui occupe une place à part mais importante. S'est donc élaborée au fil du temps une réflexion sur le succès et l'insuccès. Pourquoi un livre qu'on a trouvé superbe ne retient pas l'attention du public ? Pourquoi un autre que l'on sait mineur jouit d'une renommée instantanée ? Pourquoi un romancier réputé ne rencontre pas ses lecteurs avec son dernier roman ? Pourquoi une romancière restée presque inconnue avec pourtant un très beau livre devient-elle une icône cinq ans après ? À quoi tient le succès de la « bonne fiction » ? J'omets ici, on l'aura compris, le succès sans enjeu littéraire qui résulte d'un marketing précis et d'une connivence médiatique.

Bien évidemment je n'ai pas de réponses qui tiennent en quelques mots, sinon le roman aurait perdu tout mystère et l'édition ne serait qu'une entreprise commerciale à rentabilité assurée. Ce qui existe aussi mais n'est pas l'objet de mon propos.

J'avance quelques règles assez simples dans leur principe mais plus délicates à poursuivre qu'il n'y paraît. Sept règles qui prennent en compte les dispositifs romanesques et l'inscription dans le temps. Sept éléments majeurs qui reprennent les conseils de Tchekhov, de Sartre, de Lindon ou de King, mais en les réorganisant différemment à partir du lecteur contemporain, plus fragile, démuni et impatient. Non pour répondre à ses attentes, mais pour le dérouter de ses attentes et de ses priorités.

Ce sont : le sujet, le début, l'intrigue, le point de vue, le dialogue, les personnages, l'équation sujet-auteur.

1. Le sujet

Ça semble aller de soi, le sujet du roman, encore faut-il le tenir, être à la hauteur de l'ambition, ne s'abandonner ni à la thèse ni à la documentation ou à l'érudition. Combien d'auteurs fascinés par leur sujet se sont trouvés engloutis sous le poids de leurs recherches, continuant à lire, à se documenter tandis qu'ils écrivaient, partant sur de nouvelles pistes de savoirs qu'ils voulaient inclure dans le temps du roman, éléments historiques, théories scientifiques, politiques, philosophiques leur semblant essentiels et pour lesquels ils oubliaient l'économie du roman, sa structure, son écriture.

Il est des romans au sujet attirant dont on comprend tout de suite l'enjeu, que l'éditeur en trois phrases résume au département commercial ravi de cette aubaine, il est des romans au sujet rebattu mais toujours porteur, dont on attend une prise de position inédite, il est des sujets singuliers qui ne s'annoncent pas aussi facilement et jouent de l'effet de surprise.

Quand un auteur se lance il ne sait pas tout cela ou l'a oublié ou ne s'y intéresse pas, mais il doit se demander s'il a les moyens de son sujet et si le sujet fait écho au monde dit réel. Non pour forcément s'y soumettre, il peut très bien réfuter les lois du réel, mais pour se situer.

Le sujet peut venir d'un thème, de mots porteurs, d'une émotion, d'une situation, d'un fait divers, d'une construction savante et selon cela conditionne l'ampleur du roman. Si vous avez en tête une saga historique prenant le demi-siècle passé et trois générations, ou une déambulation nocturne dans le quatorzième arrondissement, vous n'observerez pas le même développement – à moins que comme pour *Ulysse* vous ayez posé la durée et sa contrainte.

« Réfléchis, réfléchis avant d'écrire. Tout dépend de la conception. Cet axiome du grand Goethe est le plus simple et le plus merveilleux résumé de toutes les œuvres d'art possible », note Flaubert dans une lettre à Louise Colet. Ecris sur ce que tu connais, recommandent Tchekhov et King.

« Les histoires nous viennent sous la forme d'apparitions qu'il est nécessaire d'incarner avec précision », note Joyce Carol Oates dans *La Foi d'un écrivain*. Dans la maturation d'un texte je crois profondément au hasard, ou comme le dit Paul Auster, à l'accident, ce quelque chose qui arrive de non prévu, à ce qu'il recouvre d'intuitions et de rencontres dites accidentelles, à ce qu'il provoque d'ouvertures – ce qui s'appelle aussi disponibilité, cette disposition à être à l'écoute du monde, à être concerné sans pour autant forcer les signes éventuels.

Le travail du texte est cette double présence et apparente contradiction, se concentrer sur son sujet et s'ouvrir à tout ce qui peut le nourrir. C'est en quelque sorte un rapport enchanté, l'enchantement provient de l'évidence de ce double mouvement : être là dans les mots qui s'écrivent, dans cette attention profonde à ce qui s'écrit, qui se nourrit de tout ce qui surgit dans le quotidien de la rue ou de la bibliothèque. Joyce Carol Oates dit que c'est dans la course à pied que lui viennent les images, les thèmes, les mots qu'elle déploie dans ses romans.

Admettons que vous ayez votre sujet, vous êtes heureux, vous piaffez plein d'énergie, vous vous jetez sur la page, et puis d'un coup vous vous sentez sec, rien ne vient qui vous semble nécessaire, vous persévérez tout de même pour ne pas vous taxer de velléitaire, vous devenez besogneux, préoccupé. Il vaut mieux abandonner ou laisser de côté. Le sujet, s'il demande réflexion, doit être porteur d'élan et de joie, il vous accompagne, vous enrobe, vous protège. Il faut maintenant le dessiner, lui donner intrigue, chair, personnages, points de vue. Tout ça est là qui n'est pas là. Pas trop tôt, pas trop tard.

« Je crois que l'essentiel lorsqu'on commence un roman est d'avoir l'impression, non pas que l'on est capable de l'écrire, mais qu'il est là, qu'il existe de l'autre côté d'un gouffre, que les mots sont impuissants à franchir : qu'on ne pourra en venir à bout qu'au prix d'une angoisse à perdre haleine », confie Virginia Woolf à Vita Sackville-West en septembre 1928.

L'épreuve : la première phrase.

2. LE DÉBUT

Lors d'un colloque « Repenser les processus créateurs », Philippe Djian a parfaitement exprimé l'importance de la première phrase d'un roman : « Je considère qu'elle renferme dans une certaine mesure le roman tout entier. [...] Elle va décider par sa taille et sa forme de la direction et de l'humeur du livre à venir. [...] Sa rumination systématique et attentive fournit la plupart du temps une foule d'indications secondaires invisibles au premier coup d'œil telles que la situation climatique, sinon géographique, le milieu social, l'état d'esprit du narrateur. »

Pour tout lecteur elle est le sésame, ce qui l'attire obscurément ou le rejette. Non qu'il s'agisse comme pour une accroche publicitaire de frapper fort, mais tout est là. Dans la première phrase, courte ou longue, directe ou sinueuse, le ton est donné. Soit qu'il arrive d'un coup, soit qu'il soit retravaillé une fois le roman bien sur sa voie. Que vous preniez la première phrase de *Sylvie* de Gérard de Nerval : « Je sortais d'un théâtre où tous les soirs je paraissais aux avant-scènes en grande tenue de soupirant » ou celle d'une des nouvelles du recueil *Insomnie* de John Cheever, que je considère comme l'un des plus grands nouvellistes : « Ma femme a les cheveux bruns, les yeux sombres et un caractère d'une extrême gentillesse », malgré la différence de style, de temps, de siècle, vous savez que vous êtes pris au piège de la lecture. Dans *Les Feux*, Raymond Carver raconte comment un jour la première phrase d'une nouvelle a surgi : « Il était en train de passer l'aspirateur quand le téléphone sonna » et toute la suite est venue dans la journée.

Dans la masse de manuscrits qu'un éditeur reçoit, s'il n'est pas touché par les premières pages qu'il lit, il sait qu'il n'ira pas plus loin. Cela dit, les premières pages ne tiennent pas forcément leur promesse. Il peut s'agir d'effets, de poudre aux yeux pour attirer le regard et masquer le peu d'inspiration. Simon Leys rappelle à ce sujet le chien Snoopy sur le toit de sa niche, avec sa machine à écrire, tapant la célèbre phrase « C'était durant une nuit sombre et tempétueuse » et s'arrêtant là.

Mais quand dès la première page vous sentez la justesse de ton, la maîtrise, l'équilibre fragile et pourtant indubitable, cette évidence du choix des mots, la poétique du roman, comme la nommait Valéry, à l'œuvre vous savez que la partie est presque gagnée.

3. L'intrigue

C'est l'architecture du roman. Il est bien évident qu'entre un roman policier, un roman historique, un roman de société ou de pure introspection, elle n'a pas la même valeur. Pour l'auteur de policiers, l'intrigue est toute-puissante, elle est sous haute tension. Et pourtant très souvent les auteurs disent ne pas construire d'intrigue. Stephen King déclare que c'est l'histoire qui se fabrique d'elle-même, avec cette interrogation que l'auteur se pose sans cesse « et si jamais ». Ainsi pour *Misery*, l'amorce de l'histoire lui est venue d'un rêve dans l'avion pour Londres, qu'il n'a ensuite que poursuivie. N'empêche, à partir du moment où elle s'écrit, il faut en reprendre constamment le canevas, le réorienter, le canaliser, faire en sorte que les intrigues secondaires ne prennent pas le dessus.

4. Le point de vue

C'est le souffle vital, la perspective, le ton. Savoir quels sont les points de vue. Celui de l'auteur, celui du narrateur. L'ambiguïté des points de vue. Le succès de Houellebecq est dû autant à son sujet, la misère sexuelle masculine, qu'au traitement du point de vue, cette ambiguïté du statut de la parole de l'auteur.

« Le point de vue n'est pas seulement considérable dans la narration, c'est une donnée fondamentale dans la vie », dit Tabucchi dans *La Gastrite de Platon*.

L'indécision sur le statut de l'auteur, la polyphonie des narrateurs, chacun dans sa vision du monde, dans sa logique ou sa folie, sont à mon avis ce qui fait l'intérêt du roman contemporain. Chacun parle d'un lieu, d'une identité qu'il s'est fabriquée, qu'il a inventée, elle est partielle mais totalitaire. Chacun exprime une part de vérité qui n'appartient qu'à lui mais qu'il vit en absolu. Nous ne sommes plus dans la perspective de l'auteur omniscient qui maîtrise ses personnages et décide de leur sort. Le roman est cette confrontation de points de vue, irréconciliables ou non. Il n'y a plus de vérité intangible mais des points de vue, l'auteur en est le scribe, le magicien sans sentiment de toute-puissance. Pour les évoquer l'auteur a à sa disposition tous les pronoms personnels. Du « elle » ou du « il » au « je », il sait que son roman n'aura pas la même tonalité et que le point de vue détermine le style. Passer, ne serait-ce qu'à titre d'exercice, du « je » au « il » est un excellent test de vérité qui vous permet de vous rendre compte du point de vue que vous voulez adopter. Soit que vous considériez comme Stendhal que « ce n'est pas par égotisme que je dis je, c'est qu'il n'y a pas d'autre moyen de raconter vite », soit que vous pensiez que vous perdriez en imprévisibilité en vous soumettant à la rationalité d'un point de vue.

Et puis il y a le style, ce qui fascine dès les premières phrases d'un roman, ce choix des mots, de la syntaxe, ces armes qui n'appartiennent qu'à vous pour imposer au lecteur votre vision du monde. « Le style est quelque chose de très simple, tout est dans le rythme [...] or c'est quelque chose de très profond, la nature du rythme et cela va beaucoup plus loin que les mots », confie Virginia Woolf à son amie Vita. Et là il faut bien avouer que l'éditeur s'il peut aider et conseiller l'auteur est bien incapable d'interférer : « simple » et « profond » qualifient une poétique, une écriture, par essence personnelles et uniques.

Pas de littérature sans une sorte de violence qui suppose « la destruction de la phrase-carcan, moulinée par le on-dit, devenue morte à force d'avoir servi », dit Meyronnis dans *L'Axe du néant.* Cioran quant à lui déclarait : « Je rêve d'un monde où l'on mourrait pour une virgule. »

Maurice Nadeau dans ses entretiens avec Roland Barthes, *Sur la littérature,* revient sur ce statut de l'écrivain : « Je vois en tout écrivain un individu qui refuse d'abord le langage commun. »

Ezra Pound : « L'exactitude foncière de l'expression est la seule morale de l'écriture. »

Que ce soit dans le renoncement au style à la manière de Houellebecq, dans les ajouts sous forme de paperolles de Proust, ou dans les révisions et les remaniements que prônait le « maître écrivain » John Gardner – qui enseignait « le métier d'écrire et la morale de l'écriture » à toute une génération d'écrivains américains dont Raymond Carver – l'écrivain est ce chercheur de langue en quête de richesse musicale et d'épaisseur harmonique, cette élection du rythme qui lui est propre. Minimaliste ou baroque, neutre, classique, heurté ou ondoyant, il est l'âme du texte. Certains auteurs l'acquièrent dès la première phrase, d'autres y travaillent sans cesse. Très fréquemment les auteurs me disent, mais vous savez j'y travaille depuis deux ans, quatre ans, ou plus, comme si le temps passé était gage de qualité, tandis que d'autres en quelques mois donnent un chef-d'œuvre, pensez à Stendhal et à *La Chartreuse de Parme.*

5. Le dialogue

Il relève apparemment d'un problème plus technique. Apparemment seulement. Du dialogue traditionnel d'une narration classique, où l'auteur avance ses personnages-pions, au monologue intérieur qui envahit le roman contemporain, il y a l'abîme du point de vue et de son empire. Dialogue, monologue intérieur, dialogue intégré dans la narration, tous ces niveaux de ladite oralité établissent un enchevêtrement qui brouille le statut écrit-oral, intérieur-extérieur et crée une autre dimension de l'espace-temps du récit.

Si l'on en reste au dialogue traditionnel qui doit révéler la vérité d'un personnage, l'exprimer, il y a ce travail de langue, cette musique à créer qui doit sonner juste au risque de tout décrédibiliser.

Stephen King et sa boîte à outils : « L'une des règles d'or de la bonne fiction est de ne jamais expliquer quelque chose que l'on peut nommer. »

Le dialogue ne doit pas trop dire mais révéler les sentiments, la personnalité de celui qui parle. Et pour ce faire l'auteur a en sa possession le style, les niveaux de langue, la connotation du vocabulaire. Le dialogue peut être imbriqué dans le récit si l'auteur ne veut pas lui donner un statut privilégié ou bien détaché du récit pour bien marquer son importance, cette confrontation directe où s'affrontent les personnages. Un personnage peut se souvenir d'un dialogue, il en a fait sienne l'interprétation, il l'a intégré à ses pensées, il est donc partie prenante du récit. Tandis que le dialogue détaché se présente comme réalité objective, confrontation au réel.

C'est ce qui est le plus difficile pour le jeune romancier, le dialogue, sa vraisemblance, sa concision, sa force de vérité. Sans être Hemingway, qui est sans doute un des plus grands dialoguistes, il lui faut souvent sculpter, découper le surplus, supprimer tout ce qui relève de l'instance narrative et non de l'esprit de l'échange.

6. Les personnages

« Que chaque personnage soit un piège », disait Sartre. Contrairement à l'intrigue, il faut les tenir et les laisser libres d'agir à leur guise, qu'ils soient cohérents mais pas prédéterminés.

Une romancière qui tenait son sujet, une jeune femme et ses déboires dans l'entreprise où elle travaillait, avait fait de son personnage un tel emblème de l'émancipation féminine qu'elle lui enlevait toute crédibilité intérieure. Un personnage n'est ni un emblème ni un message. Cette « quête du moi » que poursuit l'auteur à travers lui l'amène à exposer sa problématique existentielle, comme le dit Milan Kundera, son code existentiel, Raskolnikov et la faute dans *Crime et Châtiment*, par exemple, ou dans son propre roman, *L'insoutenable légèreté de l'être*, Tereza et le vertige. Encore faut-il faire comprendre les états d'âme des héros par leurs actes, dit Tchekhov. « Les véritables maîtres d'un roman, ce sont les personnages (...) on pense trop souvent que le romancier est une sorte de dieu qui manipule des marionnettes. » Paul Auster, *La Solitude du labyrinthe*.

Souvent les personnages sont trop elliptiques ou trop exposés par leur extérieur, dans les romans historiques par exemple où il y a profusion d'habits et de décors censés rendre compte de l'époque. À trop courir une multitude de personnages on perd aussi en force et en vérité. Sans compter la trop grande identification avec le personnage qui fait dire à l'auteur quand j'en conteste la vraisemblance ou l'utilité : « mais je l'ai vécu ».

Ce « je l'ai vécu » est une sorte d'antienne chez les auteurs. Comme si l'avoir vécu vous donnait du génie, jouissait du privilège de la grâce. Le roman est illusion de vérité, c'est pour quoi il enchante. Et souvent vouloir imposer au personnage une expérience personnelle qui n'a pas été taillée pour lui l'engonce et lui nuit. Un romancier à qui je faisais remarquer qu'une scène érotique particulièrement crue n'apportait rien à son héros à ce moment de l'histoire, interloqué, me rétorqua « mais je l'ai vécue », comme si je m'érigeais en censeur, désapprouvais l'outrance. Alors que la scène, disons naturaliste, dévoilait trop, donnait une lecture trop réaliste des fantasmes du personnage. Il forçait son code et obligeait le lecteur à juger.

J'aime beaucoup ce que François Cheng dit à propos de la peinture dans *Le Dit de Tianyi*, et qui s'applique à toute création : « Tu t'accroches trop aux choses. [...] Or les choses vivantes ne sont jamais fixes, isolées [...]. En peignant, entre dans ton temps et entre dans leur temps jusqu'à ce que ton temps et leur temps se confondent. »

Ce que le peintre Max Beckmann enseignait à ses élèves : « Quand vous désirez reproduire un objet, deux éléments sont nécessaires : premièrement l'identification avec l'objet doit être parfaite et deuxièmement quelque chose de tout différent doit entrer en jeu. Il est difficile d'expliquer ce second élément, presque autant que son propre moi. »

C'est quand ce « quelque chose de différent » est en action que la magie s'impose. L'auteur sait qu'il n'a plus à s'inquiéter : le personnage qu'il a campé, comme un golem vit de sa propre vie.

Souvenez-vous de ce que disait John Updike, de cet espoir que « quelque chose se passe qui me surprendra, que les personnages se mettront à vivre leur vie et à dire ce qu'ils veulent ».

Combien de fois ai-je reçu ce coup de fil joyeux : « je ne sais plus où j'en suis, Anne m'a échappé, elle a une aventure avec Victor, je ne l'aurais jamais cru ».

 Comme s'il s'agissait de personnes vivantes, imprévisibles, autonomes, comme si ce n'était pas lui, l'auteur, qui les avait créées, comme si c'était eux les personnages qui lui dictaient, comme s'il n'était que l'interprète, le traducteur de ses personnages. Et quoi de plus grandiose que la surprise et la vie, « cet inconnu de soi » de Duras. « Écrire, ce n'est pas se prendre pour quelqu'un mais se déprendre de soi, être personne », confiait Linda Lê à *La Quinzaine littéraire.*

Et Assia Djebar dans *Ces voix qui m'assiègent* : « Ainsi entrai-je en littérature par une pure joie d'inventer, d'élargir autour de moi – moi plutôt raidie au-dehors, parmi les autres, du fait de mon éducation musulmane – un espace de légèreté imaginative, un oxygène. »

7. L'ÉQUATION SUJET-AUTEUR

Prenez Nothomb, Modiano, Houellebecq, Le Clézio, Rouanet ou Angot. Quel rapport, direz-vous, en quoi peut-on associer leurs noms, comparer leurs œuvres ? Le rapport n'est pas de l'un à l'autre, il est de soi à soi. Nothomb, vous l'identifiez bien à l'affamée qu'elle décrit, Angot à l'enragée narcissique, Le Clézio au lointain du voyage, Houellebecq au héros décalé mal dans sa peau, Rouanet à la mémoire du goût et aux plaisirs des sens. Ce qu'ils écrivent a un rapport étroit avec ce qu'ils donnent à lire d'eux-mêmes. Non que leur sujet soit forcément autobiographique, mais ils semblent l'incarner. On n'imagine pas Nothomb vanter les beautés des veillées d'antan ou Modiano affronter les rivages africains. Chacun a créé son mythe, ou a laissé son lecteur le lui construire. Pour une raison simple et qui n'est pas à l'origine de marketing. Parce qu'il y a une adéquation réelle entre œuvre et personne. Dans un temps d'impatience et de perte de repères, dénicher un auteur qui semble être ce qu'il écrit rassure (soi-même) et légitime (l'auteur). Pas un escroc, un imposteur, un faiseur de livres. Un écrivain dont on comprend le dessein, même si l'on n'aime pas forcément ce qu'il écrit.

Sans vouloir disserter sur la réalité sociale, sa vraisemblance, l'impact croissant du témoignage comme critère de vérité, l'écrivain qui adhère physiquement à son sujet est devenu un exemplaire rassurant de notre humanité. Rien de vraiment nouveau, me direz-vous, prenez Zola, Balzac, Baudelaire, Nerval, Sartre ou Duras… Ce qui revient à dire qu'on n'écrit qu'à partir de ce que l'on connaît, où l'on se reconnaît. Et s'il n'y a ni bon ni mauvais sujet, il y a une équation entre vous et lui qui en crée la nécessité.

Persiste toujours le mythe de l'auteur possédé, traversé de ses folies, ses vérités, ses obsessions, peut-être ses mutilations. Et quand je dis mythe, ce n'est pas le vocable dévalorisé mais sa puissance de majesté, de foi, d'effroi, de cohésion, ce qu'il signifie d'universel et de présence.

L'écrivain a toujours ce rôle-là malgré ses détracteurs : tout le monde peut écrire, j'écris aussi bien que lui (mais voilà vous ne l'avez pas fait), il y a trop de livres (c'est une autre chose qui fait référence au produit livre et non à la littérature). L'écrivain fait fonction de pythie, non pour quelque obscure raison médiatico-financière, mais parce qu'il est pythie.

Sa vision cependant ne s'étend pas à tout, il n'a ni la clairvoyance du sage ni la connaissance de l'érudit, il se tient sur une frange minuscule où les mots qu'il possède donnent sens et vie. Ce n'est qu'une parcelle de terre, pas la terre entière. Et à vouloir aborder plus ample territoire il peut se saborder. D'où cette vigilance à dessiner son projet, délimiter son sujet, à savoir quelles sont les terres où vous pouvez aborder, ce qui en vous s'émeut et vous pousse à écrire. On dit souvent d'un vieux couple, d'un maître et son chien, qu'ils se ressemblent, c'est une relation d'amour qu'on formule ainsi, un effet de miroir, il se peut que pour l'auteur et son sujet, la fascination ressentie par un grand nombre et qui signifie le succès vienne de ça : ce doit être une relation impérieuse, fatale, qui n'admet pas de commentaires.

La peur la plus courante est celle de la page blanche. Non que tous les auteurs l'éprouvent, certains du reste disent ne jamais l'éprouver, tout coule si vite que leur difficulté est contraire, comment endiguer, ne pas céder à l'attrait des mots, de l'histoire qui les emporte.

« Lorsque je me trouve devant la page blanche, dit Claude Simon dans son *Discours de Stockholm*, je suis confronté à deux choses : d'une part le trouble magma d'émotions, de souvenirs, d'images qui se trouve en moi, d'autre part la langue, les mots que je vais chercher pour le dire, la syntaxe par laquelle ils vont en quelque sorte cristalliser. »

La peur est à l'origine de la plupart des mauvais textes, et certains repoussent l'épreuve de la vaincre au prétexte qu'ils n'ont ni le punch ni le temps nécessaires. Il arrive parfois qu'un auteur prenne une année sabbatique dans le métier qu'il exerce pour donner libre cours à son temps d'écriture. Je me souviens d'une romancière qui en rêvait depuis longtemps, qui reportait sur ce futur toutes les frustrations qu'elle vivait, se répétant, quand j'aurai tout mon temps. Vint ce temps de liberté. Les mois passaient et rien ne venait, elle écrivait certes mais sentait bien que cela ne donnait rien, elle n'avait plus de repères de temps, ces contraintes qui parfois stimulent, elle avait tout son temps et ce temps lui pesait. Suite à quoi le roman qu'elle me donna à lire, elle en convint, n'était pas à la hauteur de ce qu'on pouvait espérer. Elle m'avoua par la suite que c'était la pire année qu'elle ait vécue tant elle y avait mis d'espoir déçu.

Il arrive aussi qu'un auteur avoue une forme de panne au bout de cinquante ou cent pages, il n'en sent plus la nécessité, éprouve un enlisement, ne croit ni à son texte ni à ses possibilités de le poursuivre. Dans son *Journal*, en novembre 1936, Virginia Woolf note à propos d'*Années* : « Arrivée à la fin de la première partie, j'étais désespérée. Un désespoir muet et convaincu. »

Autre forme d'angoisse : et si j'étais en train de me tromper, si j'étais incapable d'aller plus loin, comme si mes batteries étaient à plat, comme si l'élan qui me portait s'était évaporé. Comme je l'ai dit, le rôle de l'éditeur est alors de conseiller, de dédramatiser, d'évaluer.

Il y a aussi la peur que le lecteur ne comprenne pas, qui amène l'auteur à surcharger son texte de commentaires, de détails, de digressions et d'anecdotes qui plombent son texte plutôt qu'ils ne l'éclairent.

Il y a aussi la peur du dévoilement, trop de dévoilement, de mise à nu, qui l'entraîne en périphrases, en approximations, dans des dérobades qui lui font perdre le personnage et sa crédibilité.

Et s'il y a la peur des commencements, il y a aussi la peur de la fin. Soit que l'auteur ne puisse se séparer de son récit et veuille en poursuivre le cours, soit qu'il ait peur que le lecteur n'ait pas suffisamment d'éléments. Comme si le pacte n'était pas rempli, oubliant que dans ce pacte le lecteur lui aussi collabore et qu'il vaut mieux le laisser sur sa faim que de lui imposer une indigestion ou du moins un trop-plein où l'imagination active n'a pas sa place.

L'éditeur intervient alors en lui proposant des coupes. C'est d'ailleurs le travail éditorial principal, couper, supprimer des dialogues, des comparaisons, métaphores et autres images, des adverbes, des adjectifs, des relatives, des passages redondants, trop explicatifs, des paragraphes, parfois des chapitres. Flaubert avait beau dire : « Un livre est un organisme compliqué. Or toute amputation, tout changement pratiqué par un tiers le dénature. Il pourra être moins mauvais, n'importe ce ne sera pas lui », ce point de vue absolu ne tient pas, d'autant que toute coupe n'est que proposée à l'auteur, le seul à pouvoir définitivement trancher. Flaubert du reste réagissait aux coupes imposées par Buloz à Tourgueniev et George Sand qu'il n'avait pas consultés…

L'éditeur est très souvent confronté au trop : trop de descriptions, trop de lyrisme, trop de bel écrit, de jeux de mots, d'érudition, d'explications, d'informations, comme si l'auteur voulait tout dire, comme si ce tout pouvait se dire. Alors qu'au contraire l'artifice du roman est de faire croire au tout en n'en nommant qu'une infime partie. « Toute fiction narrative est nécessairement, fatalement rapide car – lorsqu'elle construit un monde, avec ses événements et ses personnages – il lui est impossible de tout dire de ce monde », écrit Umberto Eco dans *Six promenades dans les bois du roman et d'ailleurs*, à quoi il ajoute : « Tout texte est une machine paresseuse qui prie le lecteur d'accomplir une partie de son propre travail. »

« L'art littéraire d'Homère, dit Pietro Citati, est fondé comme celui de Kafka sur les omissions. Les trous dans le récit. Il n'explique jamais les situations psychologiques. Il faut deviner. Henry James entourait ses histoires d'un mystère total. Au lecteur de le décrypter. »

Outre ce trop, les conseils que l'on délivre à l'auteur renvoient au traitement du début et de la fin des chapitres, du dialogue, des temps, de la chronologie, de l'intrigue, aux articulations entre dialogue et récit, aux points de vue narratifs, au découpage des blancs comme des chapitres. Une information peut être donnée trop tôt alors qu'elle ne devrait être qu'exposée pour la reprendre plus loin, de même pour un personnage. On peut aussi proposer certains ajouts quand les personnages sont trop elliptiques ou que le contexte historique n'est que suggéré alors qu'il commande l'action. Il y a tant d'interventions possibles au fil du dialogue avec l'auteur selon son projet, le traitement qu'il a prévu, qu'il est impossible d'en rendre compte. D'autant que toute suggestion provient moins d'une théorie et pratique du roman que d'une écoute musicale de ce qu'on lit, de cette musique du texte qui est la seule réalité.

Autre difficulté que rencontre le romancier : la fascination pour son sujet. Qu'il s'agisse d'un personnage ou d'un événement historique, de personnes réelles transposées ou d'un événement vécu, le fameux « je l'ai vécu » dont j'ai parlé. Après lecture d'un recueil de nouvelles que m'avait confié un romancier, je lui avais fait part de ma réaction, très positive, avec pour seule réserve une nouvelle dont j'appréciais le sujet mais que j'avais trouvée moins aboutie. Il avait été tout de suite d'accord, me signalant revenir depuis peu du pays qu'il décrivait, si bouleversé par les drames de l'après-guerre qu'il y avait découverts qu'il n'avait pas encore le recul nécessaire pour s'en dégager et y voir clair.

Il y a l'évidence du titre mais il y a aussi sa totale construction. Un auteur peut avoir, même avant son sujet, son titre, c'est le titre qui commande, il n'a qu'à le suivre. Mallarmé : « Le peu d'inspiration que j'ai eu, je le dois à ce nom, à ce mot sombre et rouge comme une grenade ouverte, *Hérodiade.* » Il peut aussi arriver que le titre s'étant imposé disparaisse au fil de l'écriture, que pour un auteur un titre s'impose pour tel ouvrage et que pour le suivant ce soit le trou noir.

C'est en tout cas pour l'éditeur un des grands sujets de discussion tant avec l'auteur qu'avec les autres départements de la maison d'édition. Tant on sait qu'un titre peut parfois attirer du fait de son ambiguïté ou de sa transparence, de sa singularité ou de son absolu. Dès son premier roman, *Hygiène de l'assassin*, il était évident qu'Amélie Nothomb avait le génie du titre. Qu'on prenne *L'Étranger, Hiroshima mon amour, La Mécanique des femmes, La Vie sexuelle de Catherine M, La Salle de bain, La première gorgée de bière* ou *Je voudrais que quelqu'un m'attende quelque part,* quels que soient leur registre et leur succès, il est évident qu'ils touchent le public et qu'ils s'identifient à leur auteur.

Rien de plus secret et de plus visible qu'un titre. La satisfaction secrète de l'éditeur, c'est quand les éditeurs étrangers reprennent le titre à l'identique, comme s'il agissait en sésame universel.

Le titre donc, qui appartient à l'œuvre mais qui est aussi marque de reconnaissance et de passage vers cet autre qu'est le lecteur, est aussi une manifestation de confiance et de respect entre auteur et éditeur quand il y a doute ou indécision et qu'ils cherchent ensemble.

Le patronyme et le prénom, pour des raisons diverses et dans la majorité des cas qui appartiennent à l'auteur, sont aussi sujets à création. Le pseudonyme, de tout temps, a été revendiqué comme l'identité même de l'écrivain qui le prenait. Nerval, Stendhal, George Sand, Julien Gracq, Marguerite Yourcenar, Marguerite Duras, Moravia, Sagan, PJ Remy, Assia Djebar, Catherine Paysan, Philippe Sollers, pour n'en citer que quelques-uns, l'ont vécu ou le vivent entièrement. Certains si profondément qu'il a envahi leur existence personnelle, qu'il a été leur seconde naissance. Mais c'est un choix profond qui ne relève pas de cette coquetterie qui entraîne souvent les aspirants à inscrire sur leur manuscrit un nom d'emprunt, qui ne fait que troubler l'éditeur qui le reçoit.

Le nom, le titre, viennent ensuite ce qu'on appelle la quatrième, au dos du livre, et la couverture qui permet d'identifier le genre.

Si à mon avis le genre est une fausse question littéraire, c'est en revanche une vraie question éditoriale et commerciale. Définir ce qui est récit, autobiographie, journal, roman d'anticipation, d'espionnage, historique, littéraire, policier, de société, de voyage, ou que sais-je encore, ne relève ni de la compétence de l'auteur ni de celle du lecteur.

« La littérature en tant que telle ne supporte pas les qualifications, elle est tout court ou elle n'est pas, et dès qu'on la classe dans des catégories limitées, en la disant par exemple érotique, policière, régionale, féminine, engagée, elle perd sa seule qualité incontestable, qui est refus de se spécifier », dit Marthe Robert dans *La Vérité littéraire*.

Par contre et paradoxalement le genre c'est le terrain du commercial et de l'universitaire. Le premier parce qu'il doit vendre et donner la meilleure visibilité aux titres qu'il défend en les plaçant dans des cases répertoriées, le second parce que son métier de critique l'oblige à construire un système. Le XXe siècle a été celui de l'avènement de la théorie littéraire, critique, analyse, système en sont les maîtres mots. Comme si l'auteur savait ce qu'il faisait, construisait en toute intelligence. J'ai souvent vu des romanciers assistant à des colloques dont ils étaient le thème observer avec incrédulité et admiration le conférencier qui leur prêtait tant de maîtrise intellectuelle qu'ils en étaient émus et étonnés. Je me souviens de Mohammed Dib riant de bon cœur quand je lui disais mon étonnement à lire un essai sur son œuvre partant du postulat de trilogie nordique bien qu'il ait publié un quatrième roman « nordique », *L'Infante maure*, qui détruisait cette théorie du trois.

Bien sûr une œuvre littéraire n'appartient pas qu'à son auteur et chacun, qu'il soit simple lecteur ou critique patenté, a droit au commentaire, à l'analyse, à la comparaison. C'est une preuve d'amour et peu importe la manière de la donner.

Ainsi Gilles Lapouge, répondant au questionnaire de *La Quinzaine littéraire* « Pour qui vous prenez-vous ? » : « Un jour ils m'ont mis dans les écrivains-voyageurs. Je n'avais pas vu venir le coup mais j'ai conservé mon sang-froid. J'ai réagi. J'ai cherché mes voyages. J'en ai trouvé plusieurs. »

Que de fois ai-je vu cette étincelle dans l'œil d'un romancier, croyez-vous que ça peut faire un best-seller ? C'est le veau d'or, le best-seller. Le succès et la célébrité étant devenus gages de qualité et de talent, il n'est pas étonnant que chacun revendique son droit au best-seller. Mais y a-t-il une définition du best-seller ?

Pierre Marcelle dans *Libération* en donnait celle-ci : « Dans le cahier des charges du best-seller démagogique, il y aurait, pêle-mêle, du vécu familial un petit peu dramatique mais pas trop, un découpage en courtes unités chronologiques, un lexique minimaliste adapté au registre sournois de l'émotion surjouée et un titre accrocheur, sinon intrigant. »

Bien avant lui, Ezra Pound dans *Abc de la lecture* : « Le lecteur jugera souvent défavorablement un auteur qui écrit d'une manière condensée parce qu'il essaiera de le lire trop vite. Le secret des auteurs populaires est de ne jamais mettre sur une page plus de choses qu'un lecteur ordinaire ne peut en ingurgiter sans passer d'une attention habituellement relâchée à une attention constamment en éveil. »

Filer l'émotion, user d'un vocabulaire simple, ne pas demander au lecteur pressé une attention trop soutenue, telle est la définition du roman populaire, qui peut se lire dans les transports en commun, sur la plage ou dans son lit avant de s'endormir. Et répondre à ce désir d'évasion que toute fiction permet car, comme le dit Simon Leys : « Les gens qui ne lisent pas de romans ni de poèmes risquent d'être écrabouillés sous le poids de la réalité. »

Mais si l'on en croit le succès de certains romans qui ne jouent pas sur ces ressorts aussi anciens que le roman, tel *Le Nom de la rose*, il faut bien reconnaître que ladite définition est un peu courte. Dans *De la littérature*, Umberto Eco en appelle au best-seller de qualité, qui serait une des caractéristiques contemporaines. Un récit peut attirer le public bien qu'il utilise des références savantes et un registre stylistique complexe. Bien sûr il prêche pour sa paroisse ou du moins tente une explication qui prend en compte les bienfaits de l'éducation et des médias. Tout lecteur moyen dispose d'un nombre de référents culturels élevé soit par sa pratique de lecture soit par le relais des médias omniprésents qui jouent sans cesse de référents même si leur contenu leur échappe, j'en ai entendu parler, dit-on sans cesse…

On peut aussi considérer que le terme best-seller ne fait que renvoyer à l'ancien terme « classique », c'est un classique de la littérature, c'est-à-dire un texte qui passe le cap du temps et qui accumule les lecteurs au fil du temps. Quand Benedetta Craveri évoque les raisons du succès des *Lettres portugaises*, brièveté de l'œuvre, actualité du sujet et subjectivité du narrateur, on peine à croire qu'elle définit le best-seller du XVIIe siècle. D'autant qu'elle y ajoute la stratégie de promotion. En l'occurrence pour les *Maximes* de La Rochefoucauld, digne, dit-elle, de l'édition moderne et mise au point par Madame de Sablé qui avait procédé avant le lancement à un sondage d'opinion et à un conditionnement de la critique en faisant paraître un article dithyrambique et anonyme dans *Le Journal des savants*.

Elle n'avait pas bien sûr les moyens modernes de diffusion ni le relais par les journaux et autres médias de la « liste des meilleures ventes » qui permet à l'heureux élu de démultiplier son audience, mais le procédé était le même, créer volontairement un événement-phénomène appelé le best-seller.

L'éditeur est toujours étonné du destin d'un livre, même si tout joue en sa faveur, qualité indéniable, sujet porteur, auteur médiatique, le succès n'est jamais assuré, déception ou surprise, qui peut prophétiser ? Ce qui est sûr, c'est ce besoin de plus en plus vital de la mise en récit qui happe le lecteur dans un hors-soi qui agit comme un baume. Cette fonction exorciste de la littérature, le roman policier la remplit pleinement. Ce pourquoi le best-seller est souvent policier. Il prend le monde en compte, exprimant et canalisant sa violence. « Nous aimons les romans policiers, dit Umberto Eco, parce qu'ils posent une question identique à celle des philosophies et des religions : whodunnit ? qui a fait ça ? qui est le responsable de tout cela ? » D'où cette nouvelle vague de best-sellers, les policiers religieux ou les thrillers ésotériques.

Le roman, monde-livre, est le fruit d'un imaginaire particulier, qui a pris naissance en Occident et qui est lié aux Lumières. D'autres productions littéraires ont vu le jour avant et ailleurs, certes, mais ce que je propose ici, c'est de le voir comme la création d'un individu, assez détaché de l'emprise théologique pour s'affirmer comme liberté, et dépendant malgré tout de son environnement. Le romancier n'est pas un électron libre, il appartient même aujourd'hui à un monde plutôt de gouvernance démocratique où, en tant que citoyen, il a sa part de responsabilité. Il croit, même s'il s'oppose à ceux qui le gouvernent, à sa place dans la cité. Cela peut être aussi la marge, la contestation ou le refus.

« À quelle interrogation plus grave que celle de sa responsabilité, un écrivain pourrait-il être confronté ? [...] L'Occident aujourd'hui paraît s'être libéré de cette préoccupation, avoir disjoint les deux choses : écriture (romanesque) et responsabilité (morale) », dit Mohammed Dib dans sa postface à *La Nuit sauvage*.

« C'est à travers la littérature, la poésie et le roman qu'ont surgi, de la façon la plus concrète, la plus émouvante qui soit, les problèmes éthiques qui nous préoccupent », dit Edgar Morin. À ne pas confondre avec la morale. « Il n'y a pas de romans moraux. Flaubert l'avait déjà dit, il y a une morale des romans, que le romancier doit laisser au lecteur le soin de comprendre. » Jean-Jacques Brochier.

Si l'idée de roman engagé n'a plus cours, au sens politique ou idéologique, le roman est un engagement par rapport au monde. Pourquoi lit-on davantage et de plus en plus des romans anglo-saxons plutôt que certains romans français ? À cause de l'implication sociale du narrateur, de sa manière de s'impliquer dans le groupe, de retracer un parcours dans un temps donné, de lire le monde à son aune.

Le roman américain, c'est l'individu et le groupe. Dans cette tension-là, dans cette implication-là. Le roman est né d'une certaine évolution du monde où l'individu a pu croire à son destin, même si c'est une vision historique désastreuse. Il y a toujours une fonction visionnaire et une implication sociale. Qui se sont peu à peu estompées dans le roman européen, comme si l'individu devenant un individualiste n'avait plus rien à dire sur son environnement.

Non que je prêche pour le roman social, mais si la plupart des romanciers déclarent écrire non pour soi mais pour le lecteur, « la seule chose qu'on écrit pour soi c'est la liste des courses », dit Umberto Eco, c'est bien qu'ils ont à l'esprit l'autre, proche ou étranger, aimé ou honni, peu importe, qu'ils veulent communiquer leur lecture du monde, leur expérience radicale, cette fiction-voyage dont parle Butor : « Il n'y a pas pour le moment de forme littéraire dont le pouvoir soit aussi grand que celui du roman. » Le roman est un mythe et il a la fonction du mythe. Le romancier lui n'est rien d'autre qu'un chercheur d'or, fragile, égocentrique, souvent superstitieux, cyclothymique. « Les gens ne le savent pas mais l'écriture on ne l'a pas tout le temps. Ils croient qu'être écrivain, c'est savoir écrire. Eh bien non, c'est une chose qui s'absente », dit Christine Angot.

Le roman naît aussi de cette angoisse, de ce combat avec la matière-mot à la façon de don Quichotte, personne d'autre que lui ne voit ce qu'il affronte et il n'y a que lui pour y croire. Marguerite Duras a admirablement décrit cet état de solitude qu'est l'écriture dans *Écrire*. Et peu importe qu'on rapporte l'agonie d'une mouche ou la bataille d'Austerlitz.

Ce pourquoi l'écriture n'est pas un travail ni un métier, même s'il y faut discipline et persévérance. On ne sait jamais. Où l'on va arriver. Comment les lecteurs vont réagir. Ce n'est pas non plus une loterie où la notion de hasard est toute-puissante, on a construit, le texte existe et sa reconnaissance peut être tardive. Ce ne peut qu'être un engagement profond et irrationnel aux yeux d'autrui.

« Travaillant dans une maison d'édition, j'ai consacré plus de temps aux livres des autres qu'aux miens. Je ne le regrette pas : tout ce qui sert à l'ensemble d'une communauté civile est de l'énergie bien dépensée », dit Italo Calvino dans *La Machine littérature.* Je pourrais faire mienne cette formule avec l'ajout suivant : c'est qu'on ne choisit pas, c'est le livre qui vient à vous quand les mots sont là avec leur poids, leur évidence.

Et même si, comme le constate Frédéric Badré dans *L'Avenir de la littérature,* « il devient de plus en plus difficile de distinguer le bon du mauvais quand le faux domine », et l'industrie du divertissement, il s'agit du constat d'un critique ou d'un sociologue qui n'entache en rien le travail d'écriture qui est le vôtre, vous appartenez à une tribu sauvage qui n'est concernée ni par les sondages, les modes ou les pourcentages, même si elle est régulièrement analysée et commentée pour la standardiser.

Pour réagir ou contacter Claire Delannoy, adressez vos e-mails à
info@clairedelannoy.com

Conception graphique Pierre di Sciullo
Composition Nord Compo (Villeneuve-d'Ascq)
Achevé d'imprimer en juillet 2005 sur les presses de France Quercy
N° d'impression : 51745
Imprimé en France